Aldidente mini

Aldidente mini

Die 55 besten Rezepte
Kräuterküche

Zusammengestellt von Jacobia Dahm und
Karsten Kredel

Eichborn

Die Zutaten für die Rezepte sind in der Regel bei ALDI erhältlich. Manche Artikel gibt es dort jedoch nur saisonal oder regional, gelegentlich auch unter abweichenden Markennamen. Ausgefallenere Zutaten bekommt man manchmal nur auf dem Markt, in Feinkostgeschäften oder „gehobeneren" Lebensmittelläden.

1 2 3 4 06 05 04

Umschlaggestaltung: Uschi Heusel
Lektorat: Oliver Domzalski
Redaktion: Carsten Keller
Satz und Layout: Christiane Hahn
Druck und Bindung: Fuldaer Verlagsagentur, Fulda
ISBN 3-8218-4829-4

Verlagsverzeichnis schickt gern:
Eichborn Verlag, Kaiserstr. 66, 60329 Frankfurt
www.eichborn.de

Inhaltsverzeichnis

Geflügel, Fleisch und Fisch

Marinaden und Dips, Öl und Vinaigrettes

Getränke

Desserts

Alle Rezepte sind – wenn nicht anders angegeben – für 4 Portionen gedacht.

1. *Frittierte Salbeiblätter*

- **26-32 große Salbeiblätter**
- **1 TL Kapern**
- **1-2 EL Sardellen-/Anchovispaste**
- **1 Ei**
- **150 ml eiskaltes Wasser**
- **125 g Weizenmehl**
- **12-15 EL Öl (zum Frittieren)**

Salbeiblätter waschen und trocknen. Kapern mit der Sardellenpaste zu einer Paste zerdrücken und jeweils die Oberseite der Salbeiblätter damit bestreichen. Dann ein zweites Blatt darauf drücken, damit es ein kleines Sandwich ergibt. Das Ei und das eiskalte Wasser zu einem Teig vermischen. Das Mehl dazugeben, kräftig rühren. Das Öl in einer tiefen Pfanne erhitzen. Ein Salbeisandwich nach dem anderen am Stiel nehmen und es kurz in den Teig tauchen. Man kann immer gleich mehrere in die Pfanne geben und sie einige Sekunden braten, bis sie goldbraun werden. Mit einem Löffel fischt man die Sandwichs wieder heraus und lässt sie kurz auf Küchenpapier abtropfen. Sofort servieren.

2. *Tomaten mit Mozzarella und Basilikum*

- **6 reife Tomaten**
- **250-300 g Mozzarella**
- **1 Bund Basilikum**
- **8 EL Olivenöl**
- **2 EL Balsamico-Essig**
- **Salz, Pfeffer**

Die Tomaten waschen, trocknen und in nicht allzu dünne Scheiben schneiden. Anschließend die Scheiben auf einer Platte oder einem großen Teller anrichten. Den Mozzarella in Scheiben schneiden und zwischen die Tomaten schieben. Die Basilikumblättchen waschen, abzupfen und auf den Tomaten und dem Mozzarella verteilen. Das Öl mit dem Balsamico mischen, etwas salzen und pfeffern und dann über Tomaten und Käse träufeln. Mit frischem Weißbrot servieren.

3. *Bruschetta*

- **5-6 reife Tomaten oder 20 Cocktailtomaten**
- **3 Knoblauchzehen**
- **1/2 Bund Basilikum**
- **2-3 Zweige Oregano**
- **4 EL Olivenöl**
- **1 EL Balsamico-Essig**
- **Salz, Pfeffer**
- **4 große dicke Scheiben Bauernbrot oder 1 Ciabatta (italienisches Weißbrot)**

Den Ofen auf 200°C vorheizen. Die Tomaten waschen, abtrocknen und nicht allzu klein würfeln (Cocktailtomaten halbieren). Den Knoblauch fein hacken und zu den Tomaten geben, ebenso mit dem Basilikum und dem Oregano verfahren. Das Olivenöl mit dem Balsamico verrühren und unter die Tomaten mischen. Mit Salz und Pfeffer abschmecken und alles verrühren. Die Brotscheiben wenige Minuten im Ofen toasten, sie dann wieder herausnehmen und mit der Tomaten-Mischung gut belegen. Dann gibt man sie noch mal für 6-8 Minuten in den Ofen. Sofort servieren.

Variante: Anstatt dem Basilikum Rucola verwenden oder die Bruschetta zusätzlich mit Cayennepfeffer bestreuen, bevor sie in den Ofen gehen.

4. *Rührei mit Croûtons und Rosmarin*

- **4 Scheiben altes Weißbrot**
- **1-2 Schalotten**
- **1 Zweig Rosmarin**
- **1 EL Butter**
- **2 EL Olivenöl**
- **4 Eier**
- **etwas Milch**
- **Salz, Pfeffer**

Das Brot klein würfeln und mit den fein gehackten Schalotten und dem gehackten Rosmarin in einer Mischung aus Butter und Olivenöl anbräunen. Da das Brot viel Fett saugt, benötigt man etwas mehr. Darauf achten, dass die Schalotten nicht verbrennen. Eier mit Milch, Salz und Pfeffer leicht schaumig schlagen, dazugeben, rühren und stocken lassen.

5. *Gefüllte Kabeljau-Tomaten mit Basilikumkruste*

Für die Kruste:
siehe Basilikum-Butter (Rezept 42)

Für die Tomaten:
- **8 Fleischtomaten**
- **400 g Kabeljaufilet**
- **1 Knoblauchzehe**
- **Saft einer Zitrone**
- **100 g Crème double**
- **Salz, Pfeffer**
- **8 EL Olivenöl**

Die Tomaten waschen, jeweils das obere Viertel abschneiden und sie dann vorsichtig mit einem kleinen Löffel aushöhlen. Den Fisch waschen, trocken tupfen, in kleine Würfel schneiden und in eine Schüssel geben. Knoblauch pressen und dazugeben. Mit dem Saft der Zitrone, Crème double und Salz und Pfeffer würzen. Ofen auf 225°C vorheizen (wenn möglich nur Oberhitze). Die Kabeljaumischung in die Tomaten füllen und die Tomaten in eine feuerfeste Form geben. Obenauf jeweils eine 1 cm dicke Scheibe der Basilikum-Butter (siehe Rezept 42) legen und mit Öl beträufeln. Im Ofen ca. zehn Minuten überbacken. Dazu kann frischer Salat gereicht werden.

6. *Orangensalat mit Oliven und Rosmarin*

- **4 saftige Orangen (1 pro Person)**
- **1 Zweig frischer Rosmarin**
- **15-20 schwarze, ölige Oliven**
- **Salz, Pfeffer**
- **2 EL Olivenöl**
- **1 EL Balsamico-Essig**

Die Orangen schälen – dabei auch die weiße Haut abnehmen – und in 1 cm dicke Scheiben schneiden. Die Scheiben auf einem großen Teller anrichten. Den Rosmarin waschen, die Nadeln gegen den Strich abzupfen und sie fein hacken. Die Oliven halbieren, entsteinen und über die Orangen streuen. Das Ganze mit Salz und Pfeffer würzen. Öl und Balsamico vermischen und über die Orangen träufeln. Kurz ziehen lassen. Mit frischem Weißbrot servieren.

7. *Endiviensalat mit frischem Salbei*

- **1 kleiner Endiviensalat**
- **1 kleine Zwiebel**
- **4 EL Sonnenblumenöl**
- **Salz, schwarzer Pfeffer**
- **8 frische Salbeiblätter**
- **175 ml kräftiger, trockener Rotwein**
- **2 EL Balsamico-Essig**
- **1 EL Walnussöl**
- **20 g Parmesan (am Stück)**

Den Endiviensalat waschen und gut trocknen. Etwas kleiner zupfen und auf 4 Tellern anrichten. Die Zwiebel fein hacken und in einer Pfanne mit dem Sonnenblumenöl glasig dünsten. Salzen und pfeffern. Die gewaschenen Salbeiblättchen in feine Streifen schneiden und kurz mit anbraten. Die Hitze reduzieren, den Rotwein zugeben und zehn Minuten köcheln lassen. Anschließend die Pfanne vom Herd nehmen und Essig und Walnussöl einrühren. Das Dressing abschmecken und dann über den Salat träufeln. Den Parmesan mit einem Küchenmesser in feine Raspel schneiden und auf den Salat geben.

8. *Erdbeer-Basilikum-Salat*

- **50 g Zucker**
- **50 ml Balsamico-Essig**
- **500 g Erdbeeren**
- **3-4 Stängel Basilikum**
- **4 EL Mandelblättchen**
- **50 g Mascarpone**
- **2-3 EL Milch**

Den Zucker mit 50 ml Wasser einkochen, bis er zu Sirup wird. Von der Kochplatte nehmen und den Balsamico unterrühren. Erdbeeren putzen, halbieren und in eine Schüssel geben. Basilikum waschen und trocknen. Blätter abzupfen und in feine Streifen schneiden. Die Mandelblättchen ohne Fett in einer Pfanne rösten. Das Basilikum und die Mandeln zu den Erdbeeren geben und den Sirup unterrühren. Den Mascarpone mit der Milch anrühren und auf den Erdbeersalat geben.

9. *Gurkensalat mit Dill und Kresse*

- **1 Salatgurke**
- **1 Bund Radieschen**
- **2 Schalotten**
- **1 TL mittelscharfer Senf**
- **2 EL Sherry-Essig**
- **120 g saure Sahne**
- **1 Bund Dill**
- **Salz, Pfeffer**
- **2 EL geschlagene Sahne**
- **1 Kästchen Kresse**

Die Gurke schälen und in feine Scheiben schneiden. Die Radieschen waschen, trocknen und auch in feine Scheiben schneiden. Beides in eine Schüssel geben und zur Seite stellen. Die Schalotten schälen, klein würfeln und anschließend mit Senf, Essig und saurer Sahne in einer Schale verrühren. Dill waschen, trocknen, fein schneiden und ebenfalls unterrühren. Mit Salz und Pfeffer abschmecken. Das Dressing zu Gurke und Radieschen dazugeben und dann die geschlagene Sahne unterheben. Die Kresse abschneiden und auf dem Salat verteilen.

10. *Taboulé*

- **250 g Bulgur oder Couscous**
- **3-4 Tomaten**
- **1/2 Salatgurke**
- **2-3 Frühlingszwiebeln**
- **Saft von 2 Zitronen**
- **300 g Petersilie**
- **100 g Minze**
- **10 EL Olivenöl**
- **Salz, Pfeffer**

Den Bulgur in eine Salatschüssel geben, ca. 0,3 Liter kaltes Wasser dazugeben und quellen lassen. Dann die Tomaten, die Salatgurke und die Frühlingszwiebeln waschen und ein kleine Würfel bzw. Scheiben schneiden. Die Zitronen entsaften und die Kräuter waschen und fein zerkleinern. Nach 15 Minuten den Bulgur mit der Gabel umrühren. Das zerkleinerte Gemüse, das Olivenöl, den Zitronensaft und die Kräuter dazugeben und gut durchmischen. Salz und Pfeffer dazugeben und abschmecken. Mindestens zwei Stunden durchziehen lassen.

11. *Tomatensuppe*

- **500 g vollreife Tomaten**
- **2 Schalotten**
- **1-2 Stangen Staudensellerie**
- **3 EL Olivenöl**
- **2 EL Zucker**
- **12 Salbeiblätter**
- **1 Knoblauchzehe**
- **3 EL Tomatenmark**
- **1 Bouquet garni (Sträußchen aus Thymianzweig, Lorbeerblatt, Petersilienstängel)**
- **500 ml Gemüsebrühe**
- **Salz, Pfeffer**
- **1 große Dose Tomaten**

Die Tomaten vierteln. Die Schalotten und den Sellerie fein würfeln. Das Öl erhitzen, die Schalotten, den Sellerie und den Zucker zugeben und nach kurzer Zeit die Salbeiblätter, die Knoblauchzehe sowie das Tomatenmark einrühren. Alles bei mittlerer Hitze vorsichtig schmoren lassen. Die frischen Tomaten und das Bouquet garni zugeben, die Brühe zugießen. Mit Salz und Pfeffer abschmecken und etwa 25 Minuten leicht köcheln lassen. Wenige Minuten vor Schluss die gewürfelten Dosentomaten beigeben. Den Knoblauch und das Bouquet garni entfernen und die Suppe pürieren. Noch einmal abschmecken.

12. *Gurkensuppe mit Lachs*

- **1 Salatgurke**
- **1 Schalotte**
- **1 EL Butter**
- **1/2 l Gemüsebrühe**
- **Salz, Cayennepfeffer**
- **gemahlener Koriander**
- **50 g Räucherlachs**
- **1/2 Bund Dill**
- **2 EL Crème fraîche**

Die Gurke schälen und nach Bedarf die Kerne entfernen. Die Gurke in feine Scheiben schneiden. Die Schalotte abziehen und fein würfeln. Gurke und Schalotte in der heißen Butter bei kleiner Hitze andünsten. Die Gemüsebrühe dazugießen und alles mit Salz, Cayennepfeffer und Koriander würzen. Die Suppe im geschlossenen Topf bei mittlerer Hitze etwa zehn Minuten kochen lassen. Den Lachs in feine Streifen schneiden, den Dill abspülen, trocken schütteln und fein zupfen. Die Gurkensuppe mit dem Stabmixer pürieren und die Crème fraîche unterrühren. Die Suppe vor dem Servieren noch einmal kurz erwärmen. Mit den Lachsstreifen und dem Dill bestreuen und sofort servieren.

Statt Lachsstreifen schmecken auch Forellenfilets, Heilbutt oder Makrelenfilets in der Gurkensuppe.

13. *Portugiesische Brotsuppe mit Koriander*

- **8 Scheiben Ciabatta (italienisches Weißbrot)**
- **6-8 Knoblauchzehen**
- **1 l Gemüsebrühe**
- **Salz, Pfeffer**
- **1 Bund Koriander**
- **4 kleine Eier**
- **4 EL Olivenöl**

Die Brotscheiben im vorgeheizten Backofen bei 200°C etwa acht Minuten aufbacken. Inzwischen den Knoblauch abziehen und in Scheiben schneiden. Brühe und Knoblauch aufkochen und mit Salz und Pfeffer würzen. Den Koriander abspülen und fein hacken. Die Eier aufschlagen, einzeln in Tassen geben und nacheinander vorsichtig in die Brühe gleiten lassen. Die heißen Brotscheiben mit dem Olivenöl beträufeln und auf vier vorgewärmte tiefe Teller geben. Die Eier mit einer Schaumkelle draufgeben und alles mit der Suppe begießen. Mit dem Koriander bestreuen und sofort servieren.

14. *Knoblauch-Salbei-Suppe*

- **4-5 Knoblauchzehen**
- **10-12 Salbeiblätter**
- **Salz, Pfeffer**
- **1/2 Bund frische Petersilie**
- **4 dicke Scheiben Roggenbrot**
- **150 ml Olivenöl**

Den geschälten Knoblauch 20 Minuten in zwei Liter Wasser kochen. Die gewaschenen Salbeiblätter dazugeben und salzen und pfeffern. Ziehen lassen. Die Petersilie waschen und klein schneiden. Das Roggenbrot in eine Suppenschüssel geben und das Olivenöl darüber gießen. Die Knoblauchsuppe dazugeben und mit der Petersilie bestreuen.

15. *Spargel mit Schnittlauch und Ei*

- **2 Eier**
- **500 g weißer Spargel**
- **Zucker**
- **3 EL Senf**
- **6 EL Zitronensaft**
- **12 EL Olivenöl**
- **Salz, Pfeffer**
- **1 Bund Schnittlauch**

Die Eier hart kochen und abschrecken. Den Spargel schälen und in leicht gesalzenem und mit ein wenig Zucker versetztem Wasser weich kochen. Senf, Zitronensaft und Olivenöl etwa im Verhältnis 1:2:4 mischen, salzen und pfeffern. Den Schnittlauch hacken. Die Eier fein würfeln. Den Spargel mit dem Dressing, den Eiwürfeln und dem Schnittlauch servieren, dazu Kartoffeln reichen.

16. *Ofenkartoffeln mit Rosmarin, Salbei und Oregano*

- **500 g Kartoffeln**
- **Salz, Pfeffer**
- **3-5 Knoblauchzehen**
- **mindestens 8 EL Olivenöl**
- **20 Salbeiblätter**
- **1 Zweig Rosmarin**
- **3 Zweige Oregano**

Kartoffeln schälen, in gleich große Scheiben (etwa 2 cm Kantenlänge) schneiden, in einer Ofenform auslegen, salzen, pfeffern. Die Knoblauchzehen schälen, halbieren und zwischen die Kartoffeln stecken. Alles mit dem Olivenöl begießen und den grob zerkleinerten Kräutern bestreuen. Durchrütteln oder etwas umrühren und bei 175°C eine knappe Stunde in der offenen Form backen.

17. *Zucchini mit Thymian*

- **2-3 Zucchini**
- **2 EL Butter**
- **1/2 Bund frischer Thymian**
- **Salz**

Die Zucchini waschen, in Scheiben schneiden und bei mittlerer Hitze wenige Minuten in Butter dünsten – sie werden sehr schnell gar. Dabei den zerkleinerten Thymian dazugeben. Nach Geschmack salzen.
Passt sehr gut als Beilage zu Fisch oder Polenta und entlockt den als langweilig empfundenen Zucchinis Ungeahntes – und das ganz einfach.

18. *Klassische Tomatensauce mit Basilikum* *(zu Pasta/auf der Pizza)*

- 1 kg frische Tomaten
- 2 Knoblauchzehen
- 1 Zwiebel
- 250 ml Olivenöl
- 20 Basilikumblätter
- Salz

Die Tomaten waschen und vierteln. In einem Topf den fein geschnittenen Knoblauch und die fein geschnittene Zwiebel in 125 ml Olivenöl andünsten. Tomaten dazugeben, kurz aufkochen lassen und dann zugedeckt und bei sehr niedriger Temperatur 25 Minuten garen. Den Deckel abnehmen, umrühren und weitere 15 Minuten einkochen lassen. Idealerweise die Tomatensoße mit dem Mixer pürieren und durch ein Sieb streichen. Dann erst den Rest des Olivenöls und das Basilikum einrühren. Mit etwas Salz abschmecken.

19. *Ratatouille*

- 600 g Auberginen
- 500 g Zucchini
- 1 kg reife Tomaten
- 1 rote, 1 grüne, 1 gelbe Paprikaschote

Die Auberginen waschen und in Würfel schneiden. Sie in ein Sieb geben und kräftig mit Salz bestreuen. Ruhen lassen. Die Zucchini waschen und in Scheiben schneiden. Die Tomaten kreuzweise einritzen, in eine Schüssel geben und mit kochendem Wasser übergießen.

- **2 frische rote Chilischoten**
- **1 Zwiebel**
- **3-4 Zehen Knoblauch**
- **125 ml Olivenöl**
- **Salz, Pfeffer**
- **2-3 Zweige frischer Rosmarin**

Anschließend die Tomaten kalt abschrecken, dann häuten und das Fruchtfleisch grob hacken. Die Paprikaschoten waschen, die Kerngehäuse entfernen und die Paprika in kleine Stücke schneiden. Die Chilischoten waschen, der Länge nach aufschneiden und die Kerne entfernen. Anschließend in feine Scheiben schneiden. Die Zwiebel und den Knoblauch schälen und in kleine Stücke bzw. feine Scheiben schneiden. Nun die Auberginenwürfel abspülen und gut trocknen. In einem großen Topf das Öl erhitzen und nacheinander Zwiebel und Knoblauch, dann Paprika, Auberginen, Zucchini, Chili hineingeben und kräftig anbraten. Das Gemüse salzen und pfeffern und den Rosmarin hinzugeben. Alles zusammen bei kleiner bis mittlerer Hitze und zugedeckt etwa 40 Minuten garen lassen. Anschließend den Rosmarin herausnehmen und noch einmal mit Salz und Pfeffer abschmecken. Dazu frisches Baguette und Rotwein servieren.

20. *Gebratene Auberginen*

- **600 g Auberginen**
- **mind. 1/8 l Olivenöl**
- **1 Bund glatte Petersilie**
- **2 EL Thymianblättchen**
- **3 Knoblauchzehen**
- **100 ml trockener Weißwein**
- **2-3 EL Weinessig**
- **Salz, Pfeffer**
- **Saft einer halben Zitrone**
- **ein paar grüne Salatblätter**

Die Auberginen waschen und in etwa 2 cm große Würfel schneiden. In ein Sieb legen und kräftig salzen. 20 Minuten ziehen lassen und dann abspülen und gut trocknen. In einer Pfanne 10 EL Olivenöl erhitzen und darin die Auberginen kräftig anbraten (evtl. in zwei Durchgängen, dafür benötigt man entsprechend mehr Olivenöl). Auf Küchenkrepp abtropfen lassen. Die Petersilie, den Thymian und den Knoblauch fein hacken. Den Wein mit dem Essig kurz aufkochen, vom Herd nehmen, salzen und pfeffern. Etwa 6 EL Olivenöl unterrühren und die Kräuter und den Knoblauch untermischen. Die Auberginen in eine Schüssel geben und mit dem Kräutersud begießen. Anschließend im Kühlschrank mindestens zwei Stunden abgedeckt ziehen lassen. Vor dem Servieren die Auberginen noch einmal mit Salz, Pfeffer und Zitronensaft abschmecken. Einige Blätter Salat (z. B. Romano) waschen, in feine Streifen schneiden und auf einen großen Teller legen. Die Auberginen darauf anrichten. Mit frischem Baguette servieren.

21. *Grüner Spargel mit Estragonsauce*

- **1,5 kg grüner Spargel**
- **40 g Thunfisch in Öl**
- **2 Sardellenfilets**
- **200 ml Olivenöl**
- **2 EL Weißwein**
- **3 EL Estragon**
- **2 hart gekochte Eier**
- **Saft einer halben Zitrone**
- **Salz, weißer Pfeffer**
- **Estragonzweige zum Garnieren**

Den Spargel am unteren Ende schälen und auch die holzigen Endstücke entfernen. Den Spargel kalt abspülen und mit Garn zu Bündeln von jeweils ca. 8-10 Stangen zusammenbinden. In einen Topf mit kochendem Salzwasser geben. 10-14 Minuten, je nach Dicke der Spargelstangen, garen. In der Zwischenzeit Thunfisch und Sardellen abtropfen lassen und mit 2 EL Öl, Wein und dem Estragon gut vermischen (evtl. mit dem Handmixer oder Pürierstab). Die beiden Eigelbe vom Eiweiß trennen, die Eigelbe durch ein Sieb in eine Schüssel streichen und eine Prise Salz zugeben. Immer in eine Richtung rühren und langsam immer wieder einige Tropfen Öl dazugießen, bis das Öl aufgebraucht ist und dadurch das Eigelb zur Mayonnaise verrührt wird. Diese Mayonnaise mit dem Zitronensaft zum Fisch geben. Alles pürieren und mit Salz und Pfeffer abschmecken. Den Spargel abgießen und abtropfen lassen. Auf einer Platte anrichten und die Soße darüber gießen. Das hart gekochte Eiweiß durch ein Sieb über den Spargel streichen. Anschließend den Teller mit einigen Estragonzweigen dekorieren.

22. *Marinierte Pilze mit Petersilie*

- **300 g kleine Champignons**
- **2 Schalotten**
- **4 Knoblauchzehen**
- **4 EL Olivenöl**
- **1/8 l trockener Weißwein**
- **1-2 EL Zitronensaft**
- **Salz**
- **1/2 TL weiße Pfefferkörner**
- **1 kleine Chilischote**
- **1 Lorbeerblatt**
- **1/2 Bund glatte Petersilie**

Die Champignons putzen und eventuell halbieren. Die Schalotten und die Knoblauchzehen fein würfeln und in Olivenöl andünsten. Die Pilze dazugeben und auf kleiner Flamme anbraten. Den Wein und den Zitronensaft dazugeben. Mit Salz, Pfefferkörnern, ganzer Chilischote und Lorbeerblatt würzen. Die Petersilie waschen, zerkleinern und zu den Pilzen geben. Etwa 15 Minuten köcheln lassen und anschließend die Pilze in dem Sud abkühlen lassen. Im Kühlschrank mindestens eine Stunde durchziehen lassen und 30 Minuten vor dem Servieren aus dem Kühlschrank nehmen. Die Chilischote und das Lorbeerblatt entfernen und mit frischem Weißbrot servieren.

23. *Heiße Kartoffeln mit Rahmgurken*

- **2 große Gurken**
- **1/2 Bund Schnittlauch**
- **1/2 Bund Dill**
- **8-10 Kartoffeln**
- **2 Knoblauchzehen**
- **1/4 l saure Sahne**
- **Salz, Pfeffer**

Die Gurken schälen und in feine Scheiben schneiden. Die Gurkenscheiben einsalzen und eine Stunde ziehen lassen. Den Schnittlauch und den Dill waschen, trocknen und fein schneiden. Die Kartoffeln schälen und 20-25 Minuten in Salzwasser kochen. Nach einer Stunde die Gurken aus dem Kühlschrank nehmen, gut ausdrücken und den zerdrückten Knoblauch untermischen. Dann die Gurken mit der sauren Sahne verrühren und anschließend die Kräuter, Salz und Pfeffer untermischen. Die heißen Kartoffeln in einer Schale zerdrücken und die Gurkenmischung darauf gießen.

24. *Zucchini und Karotten süßsauer*

- **400 g Karotten**
- **400 g Zucchini**
- **20 Minzeblätter**
- **5 EL Olivenöl**
- **Salz, Pfeffer**
- **3-4 EL Weißweinessig**
- **1 TL Honig**
- **1 EL gesalzene Kapern**

Die Karotten und die Zucchini waschen, trocknen und in feine Scheiben schneiden. Auch die Minze waschen und die Hälfte in feine Streifen schneiden; den Rest zum Dekorieren aufheben. Das Olivenöl in der Pfanne erhitzen und die Karotten und Zucchini darin anbraten, bis sie langsam bräunen. Das Gemüse mit einem Schöpflöffel so aus der Pfanne nehmen, dass das restliche Öl in der Pfanne bleibt, und in eine Schüssel geben. Anschließend das Gemüse salzen, pfeffern und umrühren. Den Essig, den Honig und die Minzestreifen in die Pfanne geben und kurz aufkochen. Das Dressing über das Gemüse geben und sofort vermischen. Kapern dazugeben und 30 Minuten ziehen lassen. Mit der restlichen Minze garnieren und servieren.

25. *Kartoffel-Birnen-Gratin mit Salbei*

- **750 g festkochende Kartoffeln**
- **3 kleine, nicht allzu reife Birnen**
- **2 EL Zitronensaft**
- **1 Zwiebel**
- **4 EL Butter (zum Braten und Einfetten)**
- **3 Eier**
- **150 ml Sahne**
- **Salz, weißer Pfeffer**
- **15-20 Salbeiblättchen**

Den Backofen auf 200°C vorheizen. Die Kartoffeln waschen, schälen und in dünne Scheiben schneiden. Die Birnen schälen, vierteln und das Kerngehäuse herausschneiden; die Viertel wiederum in Scheiben schneiden und sofort mit Zitronensaft begießen, damit sie nicht braun werden. Die Zwiebel sehr fein schneiden und in einer Pfanne in Butter glasig dünsten. Dann in eine feuerfeste Form geben und gut verteilen. Die Kartoffel- und Birnenscheiben überlappend und in Kreisform in die Form schichten. Nun die Eier mit der Sahne verquirlen und kräftig mit Salz und Pfeffer würzen. Die gewaschenen Salbeiblättchen in feine Streifchen schneiden und untermischen. Die Mischung gleichmäßig über den Birnen und Kartoffeln verteilen. Das Ganze mit einem eingefetteten Pergamentpapier bedecken und im Backofen auf mittlerer Schiene etwa 60 Minuten garen, jedoch nach 20 Minuten das Pergamentpapier entfernen. Aus dem Ofen nehmen, wenn das Gratin goldbraun ist. Vorher mit einem Messer überprüfen, ob die Kartoffeln gar sind.

26. *Oliven-Rosmarin-Brot*

- **600 g Weizenmehl**
- **1 TL Salz**
- **1 Päckchen Trockenhefe**
- **1 EL Zucker**
- **3-4 Zweige Rosmarin**
- **1 Knoblauchzehe**
- **225 g schwarze, ölige Oliven (entsteint)**
- **2-3 EL Olivenöl**
- **Cayennepfeffer**
- **400 ml lauwarmes Wasser**

Das Mehl mit Salz, Hefe, Zucker und dem gewaschenen und zerkleinerten Rosmarin in einer Schüssel vermischen. Die Knoblauchzehe zerkleinern und zusammen mit den halbierten Oliven im Olivenöl anbraten. Mit Cayennepfeffer würzen. In die Schüssel zu den anderen Zutaten geben. Langsam das Wasser hinzugeben und alles miteinander vermischen. Dann den Teig auf einer mit Mehl bestreuten Arbeitsfläche zehn Minuten gut durchkneten. Der Teig darf nicht zu nass sein, sondern muss sich „zerreißen" lassen; notfalls entweder mehr Wasser oder mehr Mehl hinzugeben. Den Teig mit einem Tuch zugedeckt ca. 60 Minuten bei Zimmertemperatur ruhen lassen, bis sein Volumen sich verdoppelt hat. Den Backofen auf 200°C vorheizen. Ein Backblech mit Olivenöl einfetten. Nach Ablauf der Stunde den Teig nochmals auf die mit Mehl bestreute Arbeitsfläche geben und (nach Belieben) in zwei Hälften teilen, zwei Laibe formen und sie dann auf das eingefettete Backblech legen.

Die Brote mit ein wenig Olivenöl bestreichen und dann einfach oder kreuzweise mit einem Messer einritzen und sie anschließend 40-50 Minuten auf die mittlere Schiene in den Backofen geben. Die Brote sind fertig, wenn sie beim Draufklopfen hohl klingen.

27. *Tagliatelle mit Oregano-Tomatensauce*

- **2 Schalotten oder kleine Zwiebeln**
- **2 Knoblauchzehen**
- **4 EL Olivenöl**
- **Zucker**
- **2-3 EL Balsamico-Essig**
- **0,2 l Rotwein**
- **3-4 EL Tomatenmark**
- **Salz, Pfeffer**
- **2 kleine Dosen Tomaten**
- **1 Bund Oregano**
- **750 g Tagliatelle**
- **Parmesan**

Schalotten fein hacken und mit den geschälten, aber ganzen Knoblauchzehen im Öl bei mittlerer Hitze andünsten. Nach wenigen Minuten etwa zwei Prisen Zucker darüber streuen, ganz kurz ruhen lassen und dann verrühren. Einen Schuss Balsamico dazugeben. Wenn die Zwiebeln weich sind, mit dem Wein ablöschen, kurz einkochen lassen und das Tomatenmark einrühren, sodass eine dicke Paste entsteht. Salzen und pfeffern. Zerkleinerte Tomaten und grob gehacktes Oregano dazugeben, gut verrühren und auf kleiner Flamme wenn möglich zwei Stunden köcheln lassen. Abschmecken und mit al dente gekochter Tagliatelle servieren. Mit Parmesan bestreuen.

28. *Gnocchi mit Salbeibutter*

- **700 g mehlig kochende Kartoffeln**
- **etwa 30 Salbeiblätter**
- **Salz**
- **100 g Grieß**
- **50 g Speisestärke**
- **2 Eigelb**
- **200 g Mehl**
- **100 g Butter**
- **Parmesan**

Die Kartoffeln in der Schale in Salzwasser weich kochen. Die Hälfte der Salbeiblätter fein hacken. Anschließend Kartoffeln pellen, stampfen, und auf eine mit Mehl bestreute Arbeitsfläche geben. Leicht salzen, Grieß, Stärke, gehackten Salbei und Eigelbe zugeben und einkneten. Dann so lange Mehl unterkneten, bis die Masse nicht mehr an den Fingern klebt. Eigroße Portionen abnehmen, auf dem Mehl fingerdick ausrollen und die Rolle in 2 cm lange Stücke zerteilen, die gerne noch einmal glatt geformt und eingedrückt werden können. Einen großen Topf Salzwasser aufsetzen. In einer Pfanne die Butter zerlassen und die grob zerkleinerten restlichen Salbeiblätter darin andünsten. Die Gnocchi nach und nach in das sprudelnd kochende Wasser geben. Sobald sie an die Oberfläche steigen, mit einer Schaumkelle herausnehmen. Mit der Salbeibutter und geriebenem Parmesan servieren. Dazu Rotwein reichen.

29. *Spaghetti Puttanesca*

- **4 EL Olivenöl**
- **400 g reife Tomaten**
- **3 Knoblauchzehen**
- **3-4 Sardellenfilets**
- **16 schwarze, ölige Oliven (entsteint)**
- **2 EL Kapern**
- **Salz, Pfeffer**
- **1/2 rote Chillischote**
- **500 g Spaghetti**
- **1 Bund glatte Petersilie**

Einen großen Topf Wasser aufsetzen. Olivenöl in eine Pfanne geben. Tomaten waschen und klein hacken, Knoblauch und Sardellen fein hacken, Oliven zerkleinern und alles zusammen mit den Kapern zum Öl geben. Salzen und Pfeffern. Chilischote waschen, halbieren, aufschneiden und Kerne entfernen, dann fein schneiden und auch zum Öl geben. Das Öl erhitzt man kurz bevor man die Spaghetti ins kochende Salzwasser gibt. Nun die Petersilie waschen, fein hacken und auch zum Öl geben und umrühren. Sobald die Spaghetti al dente sind, das Wasser abgießen und die Spaghetti zum Öl geben, gut vermischen und servieren.

30. *Risotto mit Steinpilzen und Kräutern*

- **1 Hand voll getrockneter Steinpilze**
- **2 EL Butter**
- **Saft einer Zitrone**
- **0,5 l Geflügelbrühe**
- **1-2 Schalotten**
- **4 Zweige Thymian**
- **1 Bund Petersilie**
- **100 g Parmesan**
- **3 EL Olivenöl**
- **1 Tasse Aborio- oder Carnaroli-Reis**
- **0,3 l trockener Weißwein**
- **Salz, Pfeffer**

Die Pilze mindestens eine Stunde in warmem Wasser einweichen, dann abtupfen und in Butter anbraten. Mit etwas Wasser – am besten, man nimmt das Einweichwasser – und Zitronensaft ablöschen und gar dünsten. Die Brühe vorbereiten. Die Schalotten sehr klein würfeln, die Kräuter hacken, den Käse reiben. Alle anderen Zutaten bereitstellen. Schalotten in einem großen, schweren Topf in heißem Olivenöl andünsten. Wenn sie glasig sind, den ungewaschenen Reis dazugeben und rühren, bis er ebenfalls glasig ist. Dann etwa die Hälfte des Weines aufgießen und wenig später – er verkocht sehr schnell – den Rest. Dabei ständig rühren. Sobald die Flüssigkeit verdampft ist, mit einer Kelle nach und nach so lange Brühe aufgießen, bis der Reis gar, aber noch körnig ist und das Risotto eine breiartige Konsistenz hat. Zwischendurch salzen und vorsichtig pfeffern, nach etwa zwei Dritteln des Prozesses die Pilze und die Kräuter zugeben. Das Risotto vom Feuer nehmen und den Käse sowie einen guten Esslöffel Butter unterrühren

31. *Risotto mit Kürbis, Salbei und Chili*

- **1,5 l Gemüsebrühe**
- **500 g Kürbis**
- **1-2 frische rote Chilischoten**
- **125 g Butter**
- **1 große Zwiebel**
- **500 g Risottoreis (Arborio)**
- **Salz, Pfeffer**
- **32 Salbeiblätter**
- **75 g frisch gehobelter Parmesan**

1,5 Liter Gemüsebrühe zubereiten und bereitstellen. Den Kürbis schälen und grob hacken. Chili waschen und klein schneiden. Die Hälfte der Butter in einer hohen Pfanne zergehen lassen und die gewürfelte Zwiebel darin zehn Minuten dünsten. Dann Kürbis und Chili hinzugeben, verrühren und noch weitere fünf Minuten garen lassen. Nun den Reis einrühren, mit dem Gemüse vermischen und dann eine Kelle Gemüsebrühe dazugeben. Warten, bis der Reis die Flüssigkeit aufgenommen hat, und eine weitere Kelle Brühe hinzugeben. Auf diese Weise wird langsam – die Prozedur dauert ca. 25 Minuten – die gesamte Gemüsebrühe dazugegeben und der Reis bissfest gekocht. Anschließend kräftig mit Salz und Pfeffer würzen. Schließlich die restliche Butter, 20 zerkleinerte Blätter Salbei und den klein gehobelten Parmesan unterrühren. Das Risotto von der Flamme nehmen und ein paar Minuten zugedeckt ruhen lassen. Vor dem Servieren die restlichen Salbeiblättchen über das Risotto streuen.

32. *Chicken Peanut*

- 4-8 Hähnchenschenkel (je nach Größe)
- 2 Knoblauchzehen, gehackt
- Blätter von 5 Thymianzweigen, gehackt
- 3-4 EL Zitronensaft
- Salz, Pfeffer
- 5 EL Öl
- 2 Zwiebeln
- 1 kleine Dose Tomaten
- scharfes Chilipulver nach Geschmack
- 5 EL naturbelassene Erdnussbutter

Die Hähnchenteile abwaschen, mit Knoblauch, Thymian, Zitronensaft, Salz und Pfeffer einreiben und etwa 15 Minuten lang vorsichtig in Öl anbraten, dabei häufig wenden. Das Fleisch abtropfen lassen und herausnehmen. Zwiebeln im Öl und den ausgetretenen Bratensäften anschwitzen, die grob zerkleinerten Tomaten und das Chilipulver dazugeben und unter häufigem Rühren reduzieren. Die Erdnussbutter einrühren, etwa 0,2 Liter Wasser zugeben und ca. 20 Minuten lang einkochen lassen. Das Fleisch dazugeben, gut mit der Soße bedecken und bei geringer Hitze weich kochen lassen.
Mit Reis servieren.

33. *Ofenhühnchen mit Kartoffeln und Rosmarin*

- **12-14 Kartoffeln**
- **6-8 mittelgroße Hähnchenschenkel**
- **6 Zehen Knoblauch**
- **4 Zweige Rosmarin**
- **8 Karotten**
- **Salz**
- **0,2 l trockener Weißwein**

Ofen auf 250°C vorheizen. Kartoffeln waschen, schälen und in Hälften schneiden. Hühnerschenkel kalt abwaschen, Knoblauch schälen und halbieren, Rosmarin waschen. Schließlich die Karotten waschen, aber ein wenig Grün dranlassen. Hähnchenschenkel in eine ofenfeste Form legen, Kartoffeln zwischenrein legen und dann die Knoblauchzehen in die Zwischenräume stecken. Die Karotten werden obenauf gelegt. Schließlich zwei Rosmarinzweige gegen den Strich abziehen und das Rosmarin auf den Kartoffeln und dem Hähnchen verteilen. Die restlichen beiden Rosmarinzweige werden wie die Karotten einfach obenauf gelegt. Dann die Zutaten zu zwei Dritteln mit gesalzenem Wasser (2-3 TL Salz) bedecken. Die Form kommt für insgesamt eine Stunde und 45 Minuten in den Ofen, jedoch dreht man nach einer Stunde die Temperatur auf 180°C herunter. Mehrmals zwischendurch mit einem Löffel von der Flüssigkeit auf Hähnchen und Kartoffeln verteilen. Falls zu wenig Flüssigkeit vorhanden ist, etwas Wasser nachgießen.

In die Flüssigkeit, die in der Form übrig bleibt, lässt sich wunderbar Brot tunken. Nach 90 Minuten gießt man ein Glas Weißwein über das Gericht. Nach weiteren 15-20 Minuten ist alles fertig. Dazu frisches Weißbrot und einen kräftigen Wein servieren.

34. *Coq au vin*

- **1 Huhn (1,2 kg)**
- **Salz, Pfeffer**
- **2 EL Mehl**
- **250 g Schalotten**
- **3 Knoblauchzehen**
- **250 g kleine Champignons**
- **80 g durchwachsener Speck/Bacon**
- **1 Lorbeerblatt**
- **3 Zweige Thymian**
- **1 Zweig Rosmarin**
- **1 Bund glatte Petersilie**
- **2 EL Butter**
- **4 cl Cognac**
- **1/4 l kräftiger, trockener Rotwein**

Das Huhn gut waschen und abtrocknen, in 6-8 Teile zerlegen, salzen und pfeffern und mit ein wenig Mehl bestäuben. Schalotten und Knoblauch pellen und klein schneiden, Champignons putzen, Bacon klein schneiden. Die Kräuter waschen. Die Petersilienblättchen von den Stängeln entfernen, die Stängel mit den restlichen Kräutern zu einem Bouquet garni zusammenbinden. In einem Schmor-/Bratentopf 1 EL Butter erhitzen und darin unter ständigem Rühren Schalotten, Champignons und Bacon kurz anbraten. Das Ganze aus dem Topf nehmen und in eine Schüssel geben. Wieder 1 EL Butter in den Topf geben, darin die Hühnerteile anbraten und bräunen. Das Ganze mit dem Cognac ablöschen. Den Rotwein dazugeben. Nun auch Kräuter und Knoblauch in den Topf geben, salzen und pfeffern. Zugedeckt ca. 75 Minuten auf kleiner Flamme garen, dann Champignons, Schalotten und Bacon wieder dazugeben, weitere 20 Minuten köcheln lassen. Schließlich die Petersilienblättchen grob hacken und auf das Huhn streuen. Mit frischem Weißbrot servieren.

35. *Lammgulasch mit Gemüse*

- **1 kg Lammgulasch**
- **100 g Butter**
- **2 Knoblauchzehen, klein gehackt**
- **100 ml trockener Weißwein**
- **2 EL Tomatenmark**
- **1 Bund Petersilie, gehackt**
- **2 Lorbeerblätter**
- **1-2 Zweige Rosmarin**
- **4 Kartoffeln**
- **4 Möhren**
- **2 Zwiebeln**
- **1 Stange Lauch**
- **Salz, Pfeffer**
- **1-2 EL Zucker**

Das Fleisch waschen, abtupfen und in der Hälfte der Butter anbräunen. Knoblauch dazugeben, nach 2-3 Minuten mit dem Wein ablöschen, Tomatenmark, drei Viertel der Petersilie, Lorbeerblätter und klein gehackte Rosmarinnadeln zugeben, kurz einköcheln lassen und mit Wasser auffüllen, sodass das Fleisch gerade bedeckt ist. Bei mittlerer Hitze etwa 45 Minuten köcheln lassen, gelegentlich umrühren. Währenddessen Kartoffeln schälen und würfeln, Möhren putzen und klein schneiden, Zwiebeln hacken und den Lauch waschen und klein schneiden. Das Gemüse in der übrigen Butter etwa zehn Minuten schmoren, salzen und pfeffern, dann mit dem Zucker bestreuen und glasieren. Zum Fleisch geben und weiter köcheln lassen, bis die Kartoffeln weich sind. Mit der restlichen Petersilie bestreut servieren.

36. *Saltimboca*

- **8 Kalbsschnitzel zu je 120 g**
- **Salz, Pfeffer**
- **8 große Salbeiblätter**
- **8 Scheiben Parmaschinken**
- **8 Zahnstocher**
- **3-4 EL Butter**
- **1/8 l trockener Weißwein oder Marsala**

Das Fleisch vorsichtig flach klopfen und ein wenig salzen und pfeffern. Salbei waschen und trocknen. Auf jedem Schnitzel eine Schinkenscheibe und ein Blättchen Salbei flach mit einem Zahnstocher feststecken. In einer Pfanne die Hälfte der Butter erhitzen und die Schnitzel 2-3 Minuten pro Seite braten. Aus der Pfanne nehmen und abgedeckt warm halten. Zum restlichen Fett in der Pfanne den Wein dazugießen und zwei Minuten köcheln lassen. Mit einem Schneebesen die übrige Butter in die Pfanne rühren und noch einmal kurz aufkochen lassen, dann mit Salz und Pfeffer abschmecken. Die Schnitzel auf Teller verteilen und den Bratenfonds darüber gießen. Dazu Kartoffelbrei oder gedünstetes Gemüse reichen.

37. *Frikadellen*

- **1 hartes Weizenbrötchen (vom Vortag)**
- **500 g gemischtes Hackfleisch**
- **1 Ei**
- **1 Zwiebel**
- **2-3 Knoblauchzehen**
- **4-5 Stängel Oregano (oder 2 TL getrockneten Oregano)**
- **1/2 Bund frische Petersilie**
- **Salz, Pfeffer**
- **3-4 EL Olivenöl**

Brötchen in Wasser einweichen. Wenn es durchgesogen ist, gut ausdrücken und mit dem Hackfleisch vermischen. Das Ei dazugeben. Die Zwiebel und den Knoblauch fein schneiden, den Oregano und die Petersilie waschen und fein hacken, zum Hackfleisch geben, mit Salz und Pfeffer abschmecken und alles mit der Hand gut durchkneten. Eiergroße Bällchen formen, etwas flach drücken und in der heißen Pfanne in Olivenöl bei mittlerer Hitze von jeder Seite 5-6 Minuten schön braun anbraten.

38. *Lachskoteletts in Estragon-Sahne-Sauce*

- **1 Zwiebel**
- **1/4 l Weißwein**
- **1 Lorbeerblatt**
- **800 g Lachskoteletts (4 Stück)**
- **1 Schalotte**
- **10 g Butter**
- **100 ml Schlagsahne**
- **1 Bund Estragon**
- **Salz, weißer Pfeffer**
- **Saft einer Zitrone**
- **1 Eigelb**

Zwiebel schälen und vierteln. Wein, 0,5 Liter Wasser, Lorbeerblatt, 1 TL Salz und Zwiebel in einer großen Pfanne zum Kochen bringen. Lachskoteletts waschen und in dem Sud 6-8 Minuten pochieren. Koteletts herausnehmen und warm stellen. Den Sud durch ein Sieb gießen und auffangen. Schalotte schälen, fein würfeln. Butter erhitzen, Schalotte darin glasig dünsten. 125 ml von dem Fischsud und Sahne zugeben und kurz aufkochen. Estragon waschen, fein schneiden und zur Soße geben. Mit Salz, Pfeffer und Zitronensaft abschmecken. Eigelb verquirlen, Soße damit binden. Mit dem Lachs servieren.

39. *Salsa Verde*

- **1 Schalotte**
- **1-2 Knoblauchzehen**
- **1 grüne Chilischote**
- **6 Sardellenfilets**
- **1 EL Pinienkerne**
- **1 EL Kapern**
- **1 Bund glatte Petersilie**
- **1 Bund Basilikum**
- **1 Bund Minze**
- **4 EL Olivenöl**
- **etwas Dijonsenf**
- **Salz, Pfeffer**
- **Saft einer Zitrone**

Die Schalotte und den Knoblauch sehr fein hacken. Die Chilischote aufschneiden, die Kerne entfernen und sehr fein hacken. Sardellenfilets, Pinienkerne, Kapern und Kräuter ebenfalls fein hacken und alles zusammen in eine Schüssel geben. Das Olivenöl und etwas Senf zugeben. Pfeffern, nach Geschmack Zitronensaft zugeben und mit Salz abschmecken.

Geeignet als Dip, vor allem für Gegrilltes und Gebratenes, egal ob Fleisch oder Fisch.

40. *Grünes Pesto*

- **1-2 Bund Basilikum**
- **100 g Parmesan**
- **100 g Pecorino Romano**
- **1 Knoblauchzehe**
- **150 g Pinienkerne**
- **1 Tasse Olivenöl**
- **Salz, Pfeffer**

Die Basilikumblätter waschen und trocknen. Zusammen mit dem grob zerkleinerten Parmesan und Pecorino, dem geschälten Knoblauch und den Pinienkernen – die auch leicht angeröstet werden können – in den Mixer geben und pürieren. Dann Olivenöl zugeben, bis eine dickflüssige Konsistenz erreicht ist. Mit Salz und Pfeffer würzen. Das Verhältnis der Zutaten kann je nach Geschmack variiert werden.

41. *Englische Pfefferminzsauce*

- **3 EL frische Minze**
- **1 EL Zucker**
- **1/4 TL Salz**
- **100 ml Weißweinessig**

Minze hacken und mit dem Zucker und einem kleinen Schluck heißem Wasser in ein Gefäß geben. Rühren, um den Zucker aufzulösen. Salzen und den Essig zugeben. Etwas ziehen lassen und gegebenenfalls nochmal abschmecken.

Wird vor allem zu Lamm gegessen, man kann die Sauce aber auch mit Fisch probieren.

42. *Basilikum-Butter*

- **5 Scheiben Toast**
- **1 Bund Basilikum**
- **1 Bund Petersilie**
- **50 g Crème fraîche**
- **100 g weiche Butter**

Den Toast entrinden, würfen und klein bröseln (besser noch: fein mahlen). Basilikum- und Petersilienblättchen waschen, abzupfen und grob hacken. Mit Crème fraîche pürieren (mit dem Pürierstab). Die Basilikumpaste mit dem gemahlenen Toast und der schaumig geschlagenen Butter verrühren. Die Masse auf Butterbrotpapier geben und zu einer Rolle formen. Gut einwickeln und 1-2 Stunden in den Kühlschrank legen.

Kann zu Fleisch und Gemüse gereicht oder (wie in Rezept 5) zum Überbacken genommen werden.

43. *Fleischmarinade*

- **10 EL Olivenöl**
- **1-2 Zweige Rosmarin**
- **3 Zweige Thymian**
- **4 Lorbeerblätter**
- **1 TL Grobes Salz**

Das Öl mit den gewaschenen und zerkleinerten Kräutern mischen und das Salz dazugeben und unterrühren. Das Fleisch ca. eine Stunde vor dem Garen darin einlegen.

44. *Kräftige Kräutermarinade*

- **1 Hand voll frischer Oregano**
- **2-3 Stängel Basilikum**
- **1 Hand voll frischer Thymian**
- **2-3 EL Zitronensaft**
- **8-10 EL Olivenöl**
- **3-4 EL Weißweinessig**
- **2 TL gehackte Kapern**
- **1-2 zerdrückte Knoblauchzehen**
- **Meersalz**
- **Pfeffer**

Alle Kräuter waschen, trocknen und fein hacken. Die Kräuter und alle anderen Zutaten in eine kleine Schüssel geben und miteinander verrühren. Mit Salz und Pfeffer abschmecken und gegebenenfalls etwas mehr Zitronensaft, Essig oder Öl hinzugeben. Mindestens 30 Minuten ziehen lassen.

Passt wunderbar zu Bohnen- und Gemüsesalaten (500 g), Kartoffeln oder auch um Fleisch zu marinieren. Kann je nach Verwendung auch mit Cayennepfeffer gewürzt werden.

45. *Grüne Wildkräutersauce*

- **200 g wilde Kräuter, z. B. Bärlauch, Sauerampfer, Beifuß etc.**
- **1/4 l Schlagsahne**
- **3 Eigelb**
- **1 EL Senf**
- **2 EL Zitronensaft**
- **Salz, Pfeffer**
- **1/4 l Sonnenblumenöl**

Kräuter waschen, trocknen und sehr fein hacken. Die Schlagsahne steif schlagen und in den Kühlschrank stellen. Dann verrührt man die Eigelb, den Senf und den Zitronensaft mit Salz und Pfeffer und gibt unter ständigem Rühren das Öl hinzu. Nun hebt man die Sahne unter.

Die Sauce wird zu kräftigem Fleisch, z. B. Lamm, serviert.

46. *Zitronen-Olivenöl-Vinaigrette*

- **3 Zweige Zitronenmelisse**
- **6-8 EL Olivenöl**
- **4 EL Zitronensaft**
- **Salz, Pfeffer**
- **evtl. eine Prise Zucker**

Die Zitronenmelisse gut waschen, abtropfen lassen, vorsichtig trocknen und die Blätter abzupfen, diese dann in feine Streifen schneiden. Das Öl, den Zitronensaft, das Salz und den Pfeffer in einer kleinen Schüssel gut verrühren. Abschmecken und gegebenenfalls noch etwas Zucker hinzugeben.

Die Vinaigrette passt zu allen Blattsalaten, zu Chinakohl und Chicorée und auch zu Fisch.

47. *Grüne Soße*

Es gibt zwei Arten, die Frankfurter Grüne Soße – angeblich Goethes Lieblingsgericht – zuzubereiten. Die erste und wesentlich einfachere Art besteht darin, sich bei einem guten Gemüsehändler die extra für die Grüne Soße in einem Bund vorgepackten Kräuter zu besorgen. Das ist wahrscheinlich aber nur in Hessen und auch dort nicht überall möglich. Die zweite Variante lesen Sie hier. Versuchen Sie zumindest sechs der aufgeführten Kräuter zubekommen, vor allem Dill, Sauerampfer und Kerbel.

- 1 Kästchen Kresse
- 8 Stängel Kerbel
- 1 Bund Schnittlauch
- 1/2 Bund Petersilie
- 4 Zweige Dill
- 4 Zweige Pimpernelle
- 4 Blätter Sauerampfer
- 8 Borretschblätter
- 4 Zweige Salbei
- 4 Zweige Thymian
- 4 Eier
- 1/8 l Sonnenblumenöl
- 8 EL Crème fraîche
- 6 EL Joghurt
- 1 Messerspitze scharfer Senf
- 3 EL Kräuter- oder Weißweinessig
- 1 EL Zitronensaft
- Salz, Pfeffer
- 1 Prise Zucker

Die Kräuter gut waschen, trocknen und so fein wie möglich schneiden. Die Eier hart kochen und das Eigelb vom Eiweiß trennen, letzteres mit den Kräutern fein hacken. Das Eigelb wird mit dem Sonnenblumenöl gut vermischt, bis es cremig ist. In einer Schüssel den fein gehackten Kräutern und Eiern die Crème fraîche, das Eigelb-Öl, das Joghurt und den Senf zugeben und wieder gut verrühren. Schließlich wird alles mit dem Essig verrührt und mit Zitronensaft, Salz, Pfeffer und Zucker abgeschmeckt.

Die Grüne Soße schmeckt besonders gut zu Spargel mit Pellkartoffeln, Pellkartoffeln und hart gekochten Eiern, zu Blumenkohl oder aber zu gekochtem Rindfleisch.

48. *Thé à la menthe*

Für 1 Liter:
- **2 EL grüner Tee**
- **2 EL getrocknete Minze**
- **150 g Zucker**
- **20-30 frische Minzeblätter**

Den grünen Tee, die getrocknete Minze und den Zucker in eine Kanne geben und mit einem Liter kochendem Wasser übergießen. Umrühren und 15 Minuten ziehen lassen. Die frische Minze in Teegläser geben und den Tee aufgießen; dabei ein Sieb oder Filter verwenden, damit der Teesatz in der Kanne bleibt.

49. *Basilikum-Likör*

- 700 ml Wodka
- 1 Bund frische Basilikumblätter
- 1-2 EL Zucker
- 250 ml Wasser

Eine 1-Liter-Flasche gut auswaschen, trocknen lassen und den Wodka hineinfüllen. Die gewaschenen und abgetrockneten Basilikumblätter zum Wodka hinzugeben. Die Flasche verschließen und sie an einer dunklen, kühlen Stelle aufbewahren. Nach einem Monat die Flasche hervorholen, den Zucker in einer Pfanne zusammen mit dem Wasser auflösen und ihn 30 Sekunden kochen lassen. Wenn der Zucker etwas abgekühlt ist, ihn in die Wodkaflasche füllen und diese wieder gut verschließen. Den Wodka drei weitere Wochen ziehen lassen, dann die Hälft der Basilikumblätter entfernen. Nun ist der Likör fertig. Er schmeckt nicht nur hervorragend, sondern hilft auch bei Verdauungsstörungen.

50. *Tomaten-Möhren-Gurken-Saft mit Basilikum* *(für eine Person)*

- **2 mittelgroße Möhren**
- **1 kleine Tomate**
- **1 kleine Gurke**
- **6 frische Basilikumblätter**

Möhren, Tomate und Gurke in den Entsafter geben. Den Saft in ein Glas geben und das gewaschene und zerkleinerte Basilikum unterrühren. Sofort trinken.

51. *Orangen-Lorbeer-Aufguss*

- **Schale von 2 unbehandelten Orangen (ca. 40 g)**
- **15 g Lorbeerblätter**

Die Orangen schälen und die Schale in kleinere Teile schneiden. Die Schale und die Lorbeerblätter in einen Topf geben und ein Liter kochendes Wasser darüber gießen. Mindestens 20 Minuten ziehen lassen. Entfernen Sie dann mit einem Sieb die Schale und die Lorbeerblätter und trinken Sie den Aufguss über den Tag verteilt. Der Aufguss stärkt das Immunsystem.

52. *Beerentoast*

- 500 g gemischte Beeren (z. B. Himbeeren, Brombeeren, Johannisbeeren, Heidelbeeren)
- 125 g Zucker
- 250 g Erdbeeren
- 1 Becher Schlagsahne
- 6 Scheiben Weißbrot
- 1/2 Bund Minze
- Puderzucker

Die gemischten Beeren mit 60 ml Wasser und dem Zucker in einem Topf aufkochen lassen, dann die Hitze reduzieren und 8-10 Minuten sanft köcheln lassen. Die gewaschenen Erdbeeren halbieren und in eine Schüssel geben. In die Schüssel dann den gekochten Beerensirup durch ein Sieb streichen. Abkühlen lassen und das Ganze 30 Minuten in den Kühlschrank stellen. In der Zwischenzeit die Sahne schlagen. Die Weißbrotscheiben toasten und beide Toastseiten mit der Beerenmischung bestreichen. Die Scheiben schließlich mit den Erdbeerhälften belegen und darauf die abgezupften und gewaschenen Minzeblätter streuen. Über jeden Toast eine wenig Puderzucker streuen und mit der Sahne servieren.

53. *Apfelsuppe mit Honig und Zitronenmelisse*

- **10 saure Äpfel**
- **1/2 Bund Zitronenmelisse**
- **30 g Mehl**
- **1/8 l süße Sahne**
- **4 EL Honig**
- **20 g Butter**

Die Äpfel waschen und mit einer Reibe zerreiben. Die geriebenen Äpfel in 1,5 Liter kochendes Wasser geben und gleich die gewaschene Zitronenmelisse dazugeben. Das Mehl mit der süßen Sahne verrühren, dazugeben und einmal alles kurz aufkochen lassen. Danach von der Flamme nehmen. Nun den Honig einrühren und kurz vor dem Servieren die Butter unterrühren.

54. *Gebratene Apfelscheiben mit Minze*

- **3 Äpfel**
- **Saft einer halben Zitrone**
- **1 EL Butter**
- **1/2 Bund Minze**
- **1 EL Honig**

Äpfel waschen, ungeschält in Scheiben schneiden und mit Zitronensaft beträufeln. Butter in der Pfanne zergehen lassen, die Apfelscheiben dazugeben und mehrmals wenden, bis sie goldbraun gebraten sind. In der Zwischenzeit die Minze waschen und die Blätter abzupfen. Die Äpfel aus der Pfanne nehmen, ein wenig Honig darauf geben und die Minze darüber streuen.

55. *Honigmelone mit Minze*

- **1/2 Bund frische Minzeblätter**
- **2 EL Zucker**
- **2 EL Wasser**
- **Saft eine halben Zitrone**
- **1 reife Honigmelone**
- **einige Stücke kandierter Ingwer**

Die Minze waschen und sehr fein schneiden. Den Zucker bei kleiner Flamme in 2 EL Wasser auflösen. Die Flüssigkeit zum Kochen bringen und nun die Minze und den Zitronensaft hinzugeben. Das Ganze abkühlen lassen. In der Zwischenzeit die Melone in kleine Stücke schneiden und in eine Schale geben. Die Melone mit dem Sirup übergießen und mit den Ingwerstücken bestreuen.